Tiny World
Terrariums
小さな緑の世界
テラリウムをつくろう

Tiny World
Terrariums
FROM THE CREATORS OF TWIG TERRARIUMS
MICHELLE INCIARRANO
& KATY MASLOW

PHOTOGRAPHS BY ROBERT WRIGHT

小さな緑の世界
テラリウムをつくろう

A STEP-BY-STEP
GUIDE TO EASILY
CONTAINED LIFE

ミシェル・インシアラーノ
ケイティ・マスロウ

写真　ロバート・ライト

中俣真知子　訳

草思社

Contents

Introduction: The Story of Twig Terrariums
はじめに：トゥイッグ・テラリウムズ社ができるまで
PAGE 6

A Brief History of Terrariums
テラリウムのかんたんな歴史
PAGE 10

What Kind of Terrarium Will You Make?
どんな「テラリウム」にしましょうか？
PAGE 14

Let's Get Terrarin'
さあ、「テラリング」をはじめましょう
PAGE 24

Terrariums Galore
テラリウム作品集
PAGE 50

Resources
おまけ
PAGE 116

About the Authors
著者について
PAGE 118

Acknowledgments
最後に
PAGE 119

Introduction
{The Story of Twig Terrariums}

はじめに
＜トゥイッグ・テラリウムズ社ができるまで＞

「土は、わたしたちの命を結びつけるすばらしい媒体です。
あらゆるものは土から生まれ、土に帰ります」
——ウェンデル・ベリー（環境文学者）、『アメリカの不安』、1977年

　ニューヨークのブルックリンに拠点を置く会社、〈トゥイッグ・テラリウムズ〉が生まれるきっかけとなったのは、1個のガラスの器と、ものづくりへの情熱でした。昔から仲のよかったわたしたちケイティとミシェルは、何年もまえから週に1回、しおりやグリーティングカードをいっしょに手づくりしてきました。そんなある日、ミシェルが小さなガラスの薬味入れを買ってきて、何とはなしにそれでテラリウムをつくることを思いついたのです。ミシェルは、お気に入りのびんの中に健康な植物を育てるため、できるだけ多くの情報を集めようと懸命になりました。手はじめにインターネットで検索し、いろんな情報を入手したのち、何か見逃しているものがないか、大学時代の恩師の化学教授にアドバイスを求めました。そうした努力のかいもあり、元気なコケたちがすぐさま小さなびんの中の生活になじんでくれたのでした。

　ミシェルがあまりに熱心なので、まもなくケイティもテラリウムに興味を持ちはじめました。ニュージャージー州イングリッシュタウンのアンティークショップで見つけたヴィンテージのマッシュルーム型の小びんに、創作欲を駆られたことも理由のひとつでした。やがてわたしたちは、魅力的な箱庭にも見えるテラリウムのとりこになり、ミニチュアの小物やフィギュアをその中に入れることを思いつきました。マッシュルーム型の小びんの中に、男たちがたき火を囲んでソーセージを焼く光景が再現され、ミシェルが最初に買った薬味入れの中には、探検好きなふたりのわんぱく少年の世界ができあがりました。

　新しいテラリウムが次から次へと生まれ、いつしかわたしたちは、週ひと晩のしおりとグリーティングカードづくりをすっかりやめていました。代わりに、すてきな小物やフィギュア探しが本格化し、テラリウムのつくりかたが適切かどうかを確かめるために、さまざまな湿度や土やコケを試す実験がはじまりました。ブルックリンにあるわたしたちの小さなアパートはいずれも、気がつけば何十個ものテラリウムと、いろんな大きさやかたちの容器であふれかえっていました。このままでは、どう考えても、すべてのテラリウムをアパートに置いておけません。だったら販売しようと決めたところまではいいのですが、商売をするには、まず会社の名前が必要でした。数週間、次々にひらめいたアイディア（中には「のぞき見テラリウム」とか「テラリウム栽培」といったダサいものまで）を出し合い、会社のロゴも考えたのですが、ぴったりの名前はなかなか生まれませんでした。

壁にぶつかりながらも、それなりに楽しんでいたある日、わたしたちはひなたぼっこをして頭を休めようと、美しいブルックリンのプロスペクト公園に行きました。そのときです。のんびり歩いているわたしたちの手の届くところに、節だらけだけれど美しい、りっぱな小枝（トゥイッグ）が1本伸びていたのです。わたしたちは「これだ」と確信しました。＜トゥイッグ・テラリウムズ＞の社名が決定した瞬間です（いまでも、インスピレーションを与えてくれたその小枝を大切にとっています）。

　＜トゥイッグ・テラリウムズ＞の設立後、最初に決めたのは、地元の有名なノミの市「ブルックリン・フリー」にテラリウムのブースを出すことでした。ケイティが聞いた話では、芸術家や工芸家の卵にとって、そこはまたとない発表の場なのだそうです。というわけで、天候に恵まれた4月のある日、わたしたちは初めてノミの市に出店し、ブースは大勢の人々でごったがえしました。反響の大きさに驚いたのはもちろんですが、まさか、ニューヨーク・タイムズ紙の記者が立ち寄って、作品に目をとめてくれたとは思いもしませんでした。しかしそれを機に、「コケオタク」のわたしたちの人生が一変したといっても過言ではありません。

　＜トゥイッグ・テラリウムズ＞は、あっというまに、軌道に乗りはじめました。ニューヨーク・タイムズ紙に「テラリウムのミニチュア世界」の写真が色あざやかに、記事とともに大きく掲載され、メールや注文がどっと舞い込んだのです。それまでは、それぞれが自宅のダイニングルームのテーブルを仕事場に使っていましたが、「コケビジネス」の拠点を本格的に、プロスペクト公園に近い静かな一角にある改造ガレージのすてきなアトリエに移しました。その後は、注文の品をつくったり、DIYキット（テラリウムづくりに必要なものをぜんぶ入れた「自分でつくろ！」セット）の紹介や全国への発送をおこなったり、街のあちこちでワークショップやイベントを開いたり、と大忙しの毎日がはじまりました。おまけに、地元の店舗が支援の手をさしのべ、わたしたちのテラリウムを店内に置いてくれたこともあって、1年後にもっと大きなアトリエに引っ越すことになりました。

　とはいっても、ここでわたしたちの会社の歴史をえんえんと書きつづけるつもりはありません。この本の目的は、テラリウムづくりをはじめるきっかけを読者のみなさまに提供することです。実はわたしたちは、建物どうしが隣接した非常階段のないアパートに住んでいるのですが、同じようにせまい場所で暮らす都会の方々にとって、テラリウムは「小さな土地」を家の中に持ち込むひとつの方法といえるでしょう。もちろん、都会であろうと田舎であろうと、テラリウムはつくって楽しく、見て心が安らぐものであることは、まちがいありません。この本には、あなた流の「小さな緑の世界」をつくるために必要なことが、すべて載っています。植物や容器の選びかたから、テラリウムを完成させるところまで、一歩一歩、わたしたちがご案内します。さらに、ミニチュアの小物やフィギュアを使って、人間の暮らしや趣味を再現した不思議な世界をつくることで、それぞれのテラリウムをひときわ特別なものにするコツもご紹介します。本書を通して、わたしたちと同様、みなさまにも「小さな緑の世界」を大好きになっていただけたら、これほどうれしいことはありません。

　それでは、ごいっしょに、テラリウムの世界へ！

ミシェル・インシアラーノ
ケイティ・マスロウ

{ A Brief History of }
Terrariums

テラリウムのかんたんな歴史

pteridomania（名詞）：「シダ・フィーバー」

ヴィクトリア女王時代に起こったシダ植物の収集ブームについて、1855年、イギリスの牧師で小説家のチャールズ・キングズリーがつくりだしたことば。

「ウォードの箱」と、その後

　テラリウムとは、そもそも、植物を保存したり育てたりする透明の容器を意味します。その中で植物は土に根を伸ばし、それぞれに適切な環境状態を維持して、水分を保つことができます。一般に、小さなガラスの容器の中で植物を栽培することも「テラリウム」と呼んでいます。その種類は大きく分けて2つ——高い湿気が必要な植物やコケに適した、フタつき容器の「クローズド・テラリウム」と、低湿な環境が欠かせない多肉植物などに適した、フタなしの「オープン・テラリウム」です。記録に残る最初のテラリウム（小型のガラスの容器の中で何日も水を与えなくても植物が育つこと）を、1829年にイギリスで偶然発見したのが、医師で園芸家のナサニエル・ウォードという人でした。それまでは湿度の低い条件下で植物を管理するのは容易でなかったのですが、彼の発見によって状況が大きく変わりました。発見までのいきさつをざっと説明しましょう。実はウォードはジャマイカ旅行中に、シダに魅せられ、ロンドンのウェルクローズ・スクエアにある自分の庭でいろいろな種類のシダを育てていました。ところが、19世紀のロンドンでは、石炭燃料のススや排煙や工場などからの排出ガスのせいで大気汚染が進み、せっかくのシダもしおれて見る影もなくなっていました。

　当時、ウォードは蛾のまゆの収集にも熱心で、小さなびんにまゆを入れて大事に保管していました。あるとき、びんをのぞくと、少量の土から数個のシダの胞子が発芽しているではありませんか。彼はひとつの仮説を思いつき、それを証明するために、小さなガラスの容器（やがて「ウォードの箱」と呼ばれるようになる）を大工につくらせて、そこに土を入れ、シダを植えてみました。すると驚いたことに、ほとんど世話をしていないのに、いつのまにか容器の中でシダが生い茂っていたのです。

　ガラスの容器の中でシダが育つというウォードの発見は、偶然のめぐり合わせが重なったからだといっても過言ではありません。けれども、そうしためぐり合わせがなかったら、世界じゅうの人々がテラリウムの魅力を知るまでに、もっと時間がかかっていたことでしょう。

　19世紀のイギリスのヴィクトリア女王時代には、プラントハンターにより新種の植物が世界各地で次々に発見されました。陸路と海路で植物が運べるようになったことから、原産地以外の場所でも、そうした植物の研究が可能になりました。さらにウォードの発見のおかげで、植物の運搬量がなんと90パーセントも増加したのです。何千もの新しい植

物が紹介され、植物の研究が大きな進歩を遂げた時代でした。飽くことを知らない自然科学者チャールズ・ダーウィンや、植物遺伝学の草分けとなる論文を発表したグレゴール・メンデル、さらに植物学を病人や高齢者や知的障害者のセラピーに役立てるという展望（今日、それは園芸療法と呼ばれ、効果的なリハビリとして世界じゅうで実施）を描いたウォード自身まで、多くの学者たちが研究に打ち込みました。いうまでもなく、それ以外にも当時はたいへんな数の植物研究がおこなわれ、結果的に、めざましいできごとがいくつも起こりました。その一例がペニシリンの発見です。また、世界各地で製茶ビジネスが盛んになったことも挙げられるでしょう（1843年、「ウォードの箱」を使って、中国から2万本の茶の苗木を輸送することに初めて成功したからです）。「ウォードの箱」はさらに進化し、人気も高まりはじめました。そしていつしか、その名は、ラテン語で「地」を意味する「テラ」と、「アクアリウム（水槽）」からとった「アリウム」を組み合わせた、「テラリウム」へと変わっていきました。

　このあたりで、一気に1970年代に時代を早送りしてみましょう。残念ながら、当時は決して明るい状況とはいえませんでした。1970年代初期、健康への意識が高まるとともに、地球が酷使されてデリケートな生態系に悪影響がおよぼされているのではないかという不安が増大し、環境問題がにわかに人々の関心を集めたのです。その結果、アメリカ合衆国環境保護庁が設立され、国際的な環境保護団体のグリーンピースが発足し、「絶滅の危機に瀕する種の保存に関する法律」が調印され、家庭や学校の授業でもしょっちゅう環境問題が話題にされました。だれもが地球の生態系を心配するという風潮に合わせるかのように、いちやく人気を呼んだのがテラリウムでした。「屋外」を安全な「屋内」に取り入れるという発想が人々の心をとらえたのです。コンテナ・ガーデニングやテラリウムづくりに関する本が何十冊も出版され、店頭に並びました。当時を覚えておられる、今日のテラリウム愛好家の方々から、わたしたちのところにも、なつかしい話がたくさん寄せられます。小学校の授業でテラリウムを制作したとか、台所のテーブルでお母さんといっしょにつくったとか、どれも楽しい思い出ばかりです。

　そしていま、うれしいことに、テラリウムの人気が再燃しています。観賞にもぴったりのこの小さな「生態系」は、家庭やお店やレストランやオフィスで、とつじょインテリアの主役となりつつあります。室内ガーデニングは新たなレベルに達したといえるでしょう。高級志向の客を専門に引き受けるインテリアデザイナーは、鉢植えの代わりにテラリウムを飾りはじめています。自宅で手をかけずに観葉植物を育てたいという自然愛好家にとっても、テラリウムはいまや必須アイテムとして欠かせません。いってみれば、テラリウムはただの植物の寄せ集めでなく、かんたんに容器に入れて、かんたんに世話できる「命」そのものなのです。

上：セイヨウキヅタを植えた「ウォードの箱」

{ What Kind of }
Terrarium
Will You Make?

どんな「テラリウム」にしましょうか?

terrarable（形容詞）:「テラリウムをつくるのに完ぺきな」

例文：
This vase is totally terrarable.
（この花びんはテラリウムの容器にぴったりです）

窓辺のひなたで、多肉植物のテラリウムといっしょにくつろぐ猫のハーマン

テラリウムづくりをはじめるまえに

最初に決めること

　テラリウムづくりに取りかかるまえに、いくつか考えておきたいことがあります。テラリウムを置く場所をどこにする？　どんな種類の植物や容器を使う？　それさえ決まれば、どういったテラリウムをつくればいいのか、おおよその見当がつきます。土の種類や容器のかたち、日光が必要かどうかなどは、選ぶ植物の種類によって違うので、材料を購入するまえにしっかり決めておいてください。

どこにテラリウムを置く？

　陽あたりのいい窓辺とか、地下の暗い部屋とか、置きたい場所がはっきりしているのなら、そこの環境的な条件によって、植物と容器の種類が決まります。陽あたりのいい場所なら、日光が大好きな室内用の植物や多肉植物を選び、口の大きな容器にします。陽のあたらない（もしくはほとんどあたらない）場所に置く場合には、フタつきか、口のせまい容器で、日かげでも育つコケやシダのテラリウムをつくりましょう。

どんな植物にする？

　テラリウムにはいろいろな種類の植物が使えます。だけど外観は多肉植物よりもコケのほうが好き、という方もいれば、ふつうの観葉植物がいいな、という方もいるでしょう。何を選ぶにしても、それに適した容器を準備し、植物に喜んでもらえる環境で育てることが大切です（下の表を参照）。植物をかじるのが好きな飼い猫や小さなお子さんがいるご家庭では、無毒で肌を刺激しない植物をかならず選んでください。本やインターネットで植物の特徴をざっと調べてから、屋内に持ち込むことをおすすめします。

容器の種類は？

　どうしても使いたい特定の容器があれば、おのずと使う植物の種類も決まってきます。フタつき、あるいは口のせまい容器は、コケのテラリウムに最適です。口の広い容器は、多肉植物やその他の一般的な植物のテラリウムに使うといいでしょう。

	コケ MOSS	多肉植物 SUCCULENT	その他の植物（40ページ参照）OTHER PLANTS
容器	フタつき	フタなし、浅め	フタなし、深め
土	ピートモス混合土	砂状	培養土
日照	日かげ	ひなた	種類によって違う
水やり	2〜4週間おきに霧吹きで水をかける	1週間おきに水をやる（高温時には、もう少し回数を多く）	種類によって違う

こんなに小さなガラスの器でも、
植物たちが息をできるように、
上部の空間が必要

CONTAINERS: THREE GOLDEN RULES

容器
——3つのゴールデン・ルール

テラリウムに使う容器は、ガラス製が最も適しています。なぜなら、透き通っていて、温度を一定に保てるからです。ガラスの器を選ぶときには、植物がちゃんと呼吸できるように、3つの重要なルールを守りましょう。その3つとは、容器が透明で、空気の流れがよく、上のほうにじゅうぶんな空間があることです。

透明度

テラリウムの容器は、中が見えなければなんの意味もありません。たとえばリサイクル・ガラス（青や緑がかっているものが多い）のように、ほんのちょっと色がついているものもありますが、濃い色だと日光がじゅうぶん中を通ってくれず、植物たちが気の毒です。とくに緑色のガラスには気をつけてください。（ミシェルがブルックリン・カレッジで教わった化学教授の話では）緑色のガラスの器の中だと、植物は育たないそうです。

空気の流れ

空気の流れがどれだけ必要なのかは、植物に必要な湿気によって違います。流れを左右するのは、容器の口の大きさです。コケのテラリウムなら、湿気が中にとどまるように、フタつきか口のせまい容器を使いましょう。そうすればテラリウムが湿気を調整してくれるので、2～3週間おきのチェックだけですみます。対照的に、コケほど湿気は必要ないけれど日かげを好む植物（たとえば、コンテリクラマゴケ《別名・レインボーファーン》やアスパラガス・スプレンゲリ）には、口の大きな容器にします。

上部の空間

もちろんテラリウムには、ソルトシェーカーやヴィンテージの「シャネルの5番」の香水びんのような、小さいサイズのガラスの器（左ページの写真参照）を使うことも可能です。とはいえ、どんなにちっちゃな容器でも、コケや植物たちの「健康維持」に欠かせない空気をじゅうぶん保つために、上部に空間——ふつうは容器の半分くらい——を残しておかなければなりません。多肉植物の場合、ガラスからさし込む日光で日焼けを起こしたり、湿気が多すぎて腐ったりするおそれもあるので、それを避けるために、皿状か浅い容器を使ってください。

プラスチックの容器について

プラスチック製はかならずしも使用不可というわけではありません。わたしたちふたりが気に入っているものの中に、1970年代に製造された風変わりでカッコいいプラスチック製の容器がいくつかあります。ただ、使って気づいたことですが、プラスチックは温度の変化に対する反応がガラスと違います。実際、ガラスよりもはるかに結露ができやすいので、管理するのがたいへんです。

ガラスの種類

ガラスの容器はテラリウムに最適なうえ、種類が豊富です。できれば省エネのためにリサイクルのガラスびんを使いたいところですが、中が見えるなら、どんな容器でもかまいません。

❶ アンティーク、ならびにヴィンテージのガラス

わたしたちはふたりとも、新しい容器の使用をできるだけ避けるために、既製のものを再利用しています。古いものに新たな価値を与えて使うことをアップサイクルといいますが、テラリウムへの再利用は、まさに最高のアップサイクルといえるでしょう。アンティークの専門家（アップサイクルの教祖さま）によれば、「アンティーク」とみなされるガラスは100年以上前のものに限られるのだとか。100年未満から20年前までのガラスは「ヴィンテージ」と呼ばれるそうです。アンティークもヴィンテージも、昔の製造工程のせいで気泡が生じたり、年数を重ねて傷ができたりといった、小さな欠陥がときどき見られます。でも、逆にそれが器の魅力にもなります。ヴィンテージのピクルスびん、アンティークの薬びん（注・薬局などで薬剤を入れておくガラスのつぼ）、フタつき（多肉植物にはフタなし）のコンポートボウル、保存用の古い密閉式のびんなどの掘り出しものを使えば、すてきなテラリウムができあがります。

❷ リサイクルのガラス

アメリカで出回っているリサイクル・ガラスの大半は、スペインとイタリアの2国から入ってきたものです。スペインのリサイクル・ガラスはきれいな緑がかった青で、イタリア製の多くは緑の色合いですが、いずれも薄い色のため、光はじゅうぶんに通ります。しかも、見た目が美しく、テラリウムに風格が加わります。コルクのフタがついたものもあり、それがびんの魅力（と実用性）を増すこともあるので、工夫してみてはいかがでしょう。リサイクル・ガラスの質はピンからキリまで、いろいろです。できれば、買い求めるまえに自分の目で直接確かめてください。厚みがあって、中が見えにくいものもあるので、要注意。薄くて透明なものを選びましょう。ネット販売だと違いがわかりにくく、写真ではガラスの本当の質感が伝わらないこともあります。

❸ 新しいガラス

思い描いているテラリウムにぴったりの器をお気に入りの店で見つけたら、迷わず、その場で購入しましょう。お店の棚には新しいガラスの器がたくさん並んでいます。その中から自分好みのものを見つけるのは、むずかしいことではないでしょう。わざわざ貯金箱を開けて高いものを買ったり、アンティークショップであれこれ探し回ったりする必要はありません。

❹ クリスタル

高い値段が気にならないのなら、テラリウムにクリスタルガラスの器もエレガントです。たいていクリスタルは完ぺきといえるくらい透き通っています。多くのタイプには製造過程で鉛が加えられるので、輝きと透明度がいちだんと増しますが、逆にそのせいで硬さが減るのが欠点です。鉛の含有量が多ければ多いほど、割れやすくなるのだそうです。なので、腕白ざかりのお子さんをクリスタルのテラリウムには近づけないように。えっ、そんなこと、いまさら聞かされるまでもない？

❺ 手吹きガラス

手吹きガラスの器の場合、ふつうのガラス製よりもユニークなかたちのものが手に入ります。手吹きガラスの職人さんに、あなただけのオリジナルをつくってもらうというのも、ひとつの方法でしょう。値は張りますが、驚くほどみごとな作品ができあがります。

1. ヴィンテージのコットンボール用のびん
2. ヴィンテージのデカンタ
3. リサイクル・ガラスの花びん
4. ヴィンテージのクリスタルのクリーム入れ
5. フタに鳥のついた新しいガラスの薬びん
6. 新しいガラスの薬びん

浅めの脚つきコンポート皿に
つくられた砂漠のオアシスで、
くつろぐラクダたち

容器のかたち

容器を選ぶとき、テラリウムに使う植物の種類によって注意すべきことが異なります。それでも一般に、長い円筒状のガラスの器なら、まずまちがいないでしょう。大きさですが、空気が器の上にも循環するように、上部に空間をつくること。植物の高さを容器の半分以下にしてください。いいかえれば、皿のような浅い容器はそんなに出番が多くありません。デカンタはいくら魅力的でも、使わないでおくのが無難です。というのも、首の細い球根のようなかたちのせいで、必要以上に湿気が中にこもってしまうことがあるからです。

ここで、ほかにわたしたちが経験から学んだいくつかの留意すべきことを、植物別に記してみましょう。

コケ、および日かげに生育する、湿気を好む植物

容器のかたちや大きさに関係なく、フタつきか、口の小さめのものを使います。わたしたちはふたりとも、直径がわずか0.5インチ（約1.2cm）といった極端に口の小さなびんに挑戦することもありますが、だれでもその作業を楽しめるわけではありません。テラリウムづくりに慣れるまで、口の直径が3インチ（約7.5cm）未満の容器は避けたほうがいいでしょう。とりあえず、片手が入るくらい口の広い「フタつき」の容器を探すところからはじめてください。

多肉植物

多肉植物はあまり理想的とはいえない環境でも長いあいだ生きますが、湿気が多いと、やがて腐って、数カ月後に死んでしまいます。日光についても注意が必要です。多肉植物はひなたが「大々好き」ですが、ガラス越しに陽ざしを受けると、ガラスが虫めがねのようになって中がオーブン状態になり、多肉植物のローストができあがります。なので、浅い容器か皿状のものを選ぶのがベストです。健全な住まいをつくってあげたいのなら、脚つき（ペデスタル）の器や透き通ったコンポート皿を使ってはいかがでしょう。

ひなたを好む植物

日光をいっぱい浴びたい植物たちのテラリウムには、植物をすっぽりと覆う容器を選んではいけません。ほとんどの植物はフタなしの容器ならどんなものでもOKですから、かんたんに見つかるでしょう。大きなブランデーグラスや、フタなしのクッキージャー、ヴィンテージのがっしりしたクリスタルボウルもおしゃれです。

{ Let's Get }
Terrarin'

さあ、「テラリング」をはじめましょう

terrar （動詞）：「テラリングする（テラリウムをつくる）」

例文：
We terrared all day.
（わたしたちは1日中テラリングをしました）

BASIC TOOLS

基本的な道具

テラリング（テラリウムづくり）をはじめるまえに、必要な道具をいくつか取りそろえましょう。ここでは、わたしたちの工房に常備してある道具をご紹介します。ほとんどがお近くの金具店やホームセンターで手に入るものばかりですが、もしも見つからなければ、116ページの「おまけ」をご参照ください。

❶ いろいろなかたちとサイズのピンセット

材料（コケや石やミニフィギュア）をお望みの場所に置くときに役立つのがピンセットです。わたしたちは、容器の大きさに応じて、長いもの、短いもの、まっすぐなもの、先が曲がったものなど、さまざまなピンセットを使い分けています。長さ1フィート（約30㎝）のピンセットを用意しておけば、指を突っ込んでも届かない場所を扱うときに重宝するでしょう。

❷ 突っつき棒

テラリングでとくに頼りになるのが突っつき棒。かたちはよりどりみどりです。コケを整えるときは、細いもの。ろ過層の部分や土をいじるときには、太めの棒を使うといいでしょう。超がつくほどちっちゃな容器にテラリングしかけるなら、箸や串も効果的です。変わったかたちの容器を使う場合、わたしたちはときには、コンピューター技師や車の整備士が使うツールに頼ることもあります。たとえば、指の部分が曲がって、びんのすみずみまで届く「メカニカル・フィンガー」がとても便利です。

❸ じょうご

これがあれば、細い首の容器に土や石を入れるときにも、失敗することはありません。いろんなサイズをそろえておけば、鬼に金棒です。

❹ スプーン

ミニ造園（42ページ参照）には、あらゆるサイズのスプーンが役立ちます。わたしたちの得意技は、ヤットコでふつうのサイズのスプーンを支え、スーパーロングなスプーンに仕立てること。石をガラスの面に寄せるときに助かります。多肉植物のテラリウムでは、砂や土を長いスプーンで盛ってから、植物についた泥やゴミをストローで吹き飛ばしてください。

❺ ハサミ

コケのかたまりを切り分けるときに便利。

❻ ペーパータオルと綿棒

容器の口が小さいと、ガラスの内側がうまく磨けません。手の届かない場所には、市販の長い綿棒や、箸とかピンセットにペーパータオルを巻いた手づくりの綿棒をしめらせて使うといいでしょう。

いちばん下の層
石

テラリウムでは、コケ、多肉植物、その他のどの植物を使う場合でも、
いちばん下に石の層をつくります。

「小さな緑の世界」の風景づくりは、石を重ねるところからスタートします。石の層は土台となって、排水と通気の助けもします。あとで小さな丘や谷を風景に加えたいなら、それに応じて石を並べましょう。

　土台に適しているのは、装飾用の石――たとえば、ポリッシュペブル（磨いた小石）や大理石のかけら、豆砂利、ブルージェムやビーチグラス（海辺に落ちている細かいガラス片。捨てられたガラスびんなどが波や砂にもまれて砕けたもの）などです。それらを工夫して積み重ねていけば、独特の世界ができあがります。外で拾ってきた石を使う場合、よく洗って、じゅうぶんに乾かすこと。そうすれば、病原菌や害虫を新しいテラリウムに近づけずにすみます。容器の口から入る大きさなら、どんな石でもかまいません。わたしたちふたりは、水はけがよく、あまり植物を押しつぶさないポリッシュペブルを好んで使いますが、ビー玉や人工の小石でも代用できます。ただし、砂は内部の換気を悪くするので、土台にするのは避けてください。

　コケのテラリウムと多肉植物やその他の植物のテラリウムでは、水やりの方法が異なりますが、いずれも排水性と通気性は必要です。土台に使う石の量は、容器のサイズによって違います。上の写真でおわかりのように、小さなガラスの器なら、豆砂利を薄く敷くだけじゅうぶん。大きなガラスの器なら、ときには石を数インチ（約10cm前後）に重ねます。前にも記したように、テラリウムには換気のためのスペースが必要なので、「石はここまで」という強い"イシ"を持つことが肝心です！

　なお、水や根の腐りが心配な方は、石の下に根腐れ防止剤を入れておくといいでしょう。

2番目の層
ろ過

石を敷いた上に、ろ過用の層をつくります。

　ろ過層は、いちばん下の石の排水層に土が落ちるのを防ぐバリアの役目をします。材料としては、ホームセンターや園芸店で売られている乾燥したミズゴケをおすすめします。

　乾燥剤がまじっていないか、よくチェックしてから、水でさっと洗い、数秒間、水に浸してから、よくしぼります。少しだけしめっていればじゅうぶんです。必要以上の湿気をテラリウムに入れないよう注意してください。コケをしぼったあと、パンケーキのようにならし、石の層の上に押しあてます。このろ過層は、次に重ねる土が下にこぼれ落ちないように、石の層をすっかり覆わなければなりません。突っつき棒を使って、すき間にコケを押し込み、トントン突いて固めます（容器の口が大きい場合は、太い棒やコテの柄を使ってもいいでしょう）。

炭

　テラリウムの換気と水のろ過に炭を使う人もいますが、わたしたちは中にこもった土の新鮮なにおい（かび臭くないかぎり）が大好き。炭があると、せっかくのにおいが消えてしまいます。もちろん炭を使うか使わないかの判断は、ご自由に。使う場合は、土台の石とろ過用のコケとのあいだに、砕いた炭を薄い層になるようにまけば完ぺきです。

3番目の層
土

テラリウムの環境にはもともと湿気があり、その状態を保つのに土が大きな役割を担います。したがって、まちがった土を選ぶと、小さな生態系がとんでもないことになってしまいます。いくつかアドバイスを書き記しますので、その点に気をつければ、テラリウムはより幸せな環境が築けるでしょう。土を加えるときには、できるだけ正確な場所に置けるように、じょうごを使うことをおすすめします。土をきちんと整えておけば、風景の一部となる丘や坂道や谷をあとでうまくかたちづくることができます。

コケのテラリウム

　わたしたちが工房で使う土はおもに、有機成分の含有率が低く、害虫やカビをあまり寄せつけないピートモス（ミズゴケが腐植化したもの）混合（ミックス）土です。この混合土には、適切な湿度のバランスを維持する効果もあります。コケは、根系（根っこの部分）を持たず、仮根と呼ばれる糸状の発生物によって土に定着します。テラリングで気をつけたいのは、ろ過層の上に土を薄い層にうまく重ねたあと、土と仮根のあいだにすき間ができないよう、コケをしっかりと押し固めることです。それぞれの層のあいだに「ハッピーな土びん」をつくってあげましょう。

一般的な植物のテラリウム

　使う土の種類は、植物の種類にもよりますが、良質の培養土なら、まずだいじょうぶです。特殊な土──たとえば、セントポーリア用の培養土やラン用のバーク堆肥──が必要なら、それを購入しましょう。土の量ですが、植物の根の部分をじゅうぶんに覆ったあと、根が伸びる場所を確保しておくために、さらに1インチ（約2.5cm）ほど重ねてください。

多肉植物のテラリウム

　多肉植物には通気性のよい土が必要です。お近くの園芸店やホームセンターで多肉植物用にブレンドされた土を購入するか、もしくは　自分で調合してみてもいいでしょう。つくりかたは、培養土2：パーライト（真珠岩などを粉砕し、加熱のうえ膨張させたもので、水はけがよく、土が圧縮されるのも防ぐ）1：粗砂1の割合でよく混ぜます。もちろん、以上の材料をそろえるよりも、袋入りの混合土を買うほうがかんたんだし、出費も少なくてすみそう。どちらにしても、根の部分をしっかり覆ってから、根が伸びる場所をつくってあげることをお忘れなく。

① バーク堆肥
② ピートモス混合土
③ 多肉植物用の混合土
④ 培養土

4番目の層
植物

いよいよ、元気な植物を加えて、かたちを整えていく段階です。

コケ

　お店で買ったコケは、すぐに使ってかまいません。戸外で集めたもの（38ページ参照）は、虫がついていないことをかならず確かめてください。念のため、コケに適した農薬（できれば有機系）をまんべんなく振りかけるか、農薬の溶液にちょっとだけコケを浸したあと、袋かプラスチック容器に入れ、少なくとも2～3時間そのままにしておきます。そうすれば、はい回っていた虫たちには気の毒ですが、みんなあの世行き……。でも、大事なコケたちが「新居」に入る準備はこれで万端です。実はミシェルは虫が大の苦手。彼女のように「虫はちょっと……」という方は、コケを丸1日、袋に入れておきましょう。

　駆虫が終わったら、容器に合うように高さや景色や地形などを考えながら、コケのかたまりをハサミで切り取ります。お望みの場所にコケを置いたあと、突っつき棒を静かに押しあて、土になじませてください。コケと土のあいだにすき間ができないように、しっかりとコケを押さえることが重要です。

一般的な植物と多肉植物

　どちらも呼吸ができる空間が必要になります。売られている既製のテラリウムの中には、植物どうしがくっついたものもありますが、それらは短期間だけ楽しむためのもの。植物どうしが接近しすぎると、根がからまったり、陽ざしの邪魔をし合ったりするおそれもあり、そうなると植物たちは弱ってしまいます。それを避けるため、植物と植物のあいだには少しすき間を空けておきましょう。

　鉢植えの植物を移すときは、「新居」に適応しやすいように、取り出したあと、根についている土をそっと払い落とし、ちょっとだけ根をけば立たせます。それから浅く盛った土の上に置き、まわりの土をかき集めて、直立させてください。そして、そこから動かないように、根の近くにも空気が残らないように、土を軽くたたいてならします。植物をさらに加える場合も、同様の手順を踏んでから、最後に水を与えます（でも、びしょ濡れにしないこと）。きちんと水をあげれば、植物が移動のショックを受けることはほとんどありません。ぬかるみに植物を植えるようなことは絶対に避けてください。容器のいちばん下に、根の腐食を防ぐための石が敷きつめられていますが、植木鉢のように排水用の穴が開いているわけではないことをお忘れなく。

コケが大好き

わたしたちは根っからのコケガール!

＜トゥイッグ・テラリウムズ＞社がスタートするきっかけとなったのは、コケのテラリウムでした。ですから、わたしたちにとって、コケが特別な存在なのはいうまでもありません。

コケのテラリウムが大好きな理由はたくさんあります。中でも強調したいのは、世話がとてもかんたんなこと。手入れがおろそかになっても、陽のあたらない場所に置いても、しっかり育ってくれるので、忙しい都会人のライフスタイルにはぴったりです。おまけに、コケはゆっくり伸びるため、刈り込みの心配もしなくてすみます。さらに、栄養をほとんど必要としないので、肥料をやる必要がなく、乾燥させてしまっても、短期間ならたいして影響はありません。コケはほんとうにタフな植物です（実際、米国航空宇宙工学連盟は、人間が住むための月の地球化計画にコケの利用を提案したほどです）。しかし、コケを大好きないちばんの理由は、コケのつくりだす景観のおかげで幻想的な世界が生まれ、見る者の目と心をいやしてくれることかもしれません。

植物の分類でいうと、コケは蘚苔類にあたります。蘚苔類とは、植物のすみずみに水や養分を運ぶ「維管束」と呼ばれる内部組織がなく、葉っぱを通して栄養を受け取る植物のこと。コケには維管束も根系（根の部分）もありませんが、地面に固定してくれる糸のような単繊維の仮根を持っています。コケの多くは岩や土の上で、マットやクッション状に密集して育ちますが、林の中の樹幹や落ち葉の上に生育することもあります。

ほとんどのコケは、陽あたりの悪い、じめじめした環境で成長するため、樹木の生い茂った場所の日かげや小川のほとりで、かたまりを見つけることができます。本気になって探せば、そこらじゅうにコケが生えていることに気づくでしょう。街の中でも、湿気のある道路の亀裂とか、排水路や配水管の中で見つかります。

コケの種類はなんと1万5000以上もあり、見た目がまぎらわしく、区別がつきにくいかもしれません。低い場所にこんもり繁茂する「コケ気どり」の植物まであるので、要注意です。それらは根系を持っているものもあり、フタつきのクローズド・テラリウムには適しません。こうしたコケまがいの植物の一例が、リゼノ（スパニッシュモスとして知られる）とスパニッシュモスです。コケの中には、ジャワモスやクリスマスモスのように水中でしか生息しないものもあるため、テラリウムに新しいコケを入れるまえに、特徴を忘れずに調べておきましょう。次の34〜37ページで、わたしたちのお気に入りのコケを数種類ご紹介します。

お気に入りのコケたち

わたしたちが工房で扱うコケはほんの数種類で、どれも土の条件が似通っています（ですから、コケどうしの相性がよいのはまちがいありません）。この項では、これまで「ご縁」のあったたくさんのコケのうち、とくに気に入っているものをいくつかご紹介します。

シラガゴケ属 ── シロシラガゴケ（*Leucobryum glaucum*）など──は緑色の部分があざやかで、固いかたまり状に育ち、小さな丘のように見えるので、テラリウムにはよく使います。中には高さが3インチ（約7.5㎝）にまで伸びる種もあり、数フィート（約1m）幅の大きなマット状に広がることもあります。

園芸店では「ヤマゴケ」の名前で売られていることが多いです。50ページ以降の作品集ではこの名称を使います。

ハイヒバゴケ（*Hypnum cupressiforme*）も扱いやすいので、気に入っています。ときには地面に低く広がり、草丈は0.5～4インチ（約1.2～10㎝）です。このコケはめっぽうたくましく、南極以外のすべての大陸で見つかるそうです（南極に生えないのは納得ですね……ブルブル……）。

入手困難な場合は、ヤマゴケで代用できます。

❸

❹

　おもしろいかたちの木に見立てたいときに、わたしたちが使うのは**ミズゴケ**（*Sphagnum* spp.）です。でも、このコケは通常、森では見つかりません。湿地が大好きで、中には水中で自分の20倍の重さまで持ちこたえられるものも数種類あるそうです。密集したかたまりとなって高さ4インチ（約10 cm）にまで伸び、ときには池や小川のほとりで、枯れ草や落ち葉の下に生えています。園芸店で売られている袋入りの茶色の乾燥ミズゴケは、たいてい枯れているので、再生しません。それらはろ過層（29ページ参照）に使用され、いちばん上に植える緑色の健康な生ミズゴケとは別物と考えてください。

　テラリウムにちょっと幻想的な雰囲気を与えたいときには、**ハナゴケ**（*Cladonia rangiferina*）を使うといいでしょう。レインディアモス（トナカイゴケ）という英語名でも知られていますが、カッコ内のラテン語名に注目。*Cladonia*は「カップ型の地衣類」という意味で、ハナゴケは本物のコケではありません。それでも、コケのテラリウムをすてきに演出してくれます。地衣類は、ひとつの組織の中に菌類と藻類がいっしょに住んでいるのが特徴です。菌類には光合成に必要な葉緑素がないため、葉緑素を持つ藻類から、光合成でつくられた炭水化物をもらい、代わりに藻類は水分や養分を吸収して維持できる菌類からそれらをもらって育ちます。名前があやしいわりに、ロープ状のぱりっとした姿と感触を誇り、耐寒性があって、低温でも生きのびることができます。さらに、さまざまな方向に枝を広げる巻きひげを持ち、薄緑色の優雅なスポンジのようにも見えるので、いろいろ工夫できそうです。

コケのジャングル（ヤマゴケ、ムードモス、スギゴケ、ハナゴケ、ミズゴケ）の中で踊るカップル。コケを組み合わせて、変化に満ちた緑の世界をつくる際の参考にしてください。

❺

❻

　スギゴケ（*Polytrichum juniperinum*）は、砂の多い場所や、燃えた薪や丸太のそばで見つかります。テラリウムの景色に「木」を加えたいときに使うといいでしょう。実際、間近で見ると、小さな杉の木立のように見えます。2インチ（約5cm）くらいまで伸びたものを見たこともありますが、年数や環境、種類によって高さはさまざま。スギゴケの変種はどの大陸でも見つかり、緑だけでなく赤みがかったものもあります。

　最後に、シッポゴケ属（*Dicranum*）のコケたちに目を向けてみましょう。**カモジゴケ**や**シッポゴケ**のように、先がフォーク状か、もしくは風に吹かれたように見えるのが特徴です。1インチから4インチ（約2.5～10cm）の高さにまで伸びますが、めったに茎が直立しないため、風に吹かれた感じになります。あざやかな緑色のものが多く、ほかのどのコケよりも日かげが必要です。実際、日かげにいるときは、ほんとうに幸せそうに見えますよ。

　湿度によって外観を変える気分屋なので、アメリカでは「ムードモス」と呼ばれることもあります。作品集ではこの名称を使います。

コケ探し お目当てのコケを探しに出かけましょう!

コケ探しをするのなら、まずはあなたの家のまわりや知り合いの家の庭など、安全な場所からスタートするのが無難です。公園といった公共の場所を思いつくかもしれませんが、できれば避けたほうがいいでしょう。というのも、場合によっては公共物を盗んだかどで罰金をとられたり、あやしまれて通報されたりする事態だって起こりかねません。また、1カ所で大量のコケを採取しないでください。でないと、その場所に新しいコケが生えてこないからです。

以下は、コケ探しで遠出するときに、忘れないでほしいもの。

❶ 携帯電話、コンパスもしくはポータブルGPS
だれも行かないような「けもの道」に足を踏み入れたい人はいないはず。でも万一、そんな場所で迷子になってしまったら、早く「文明世界」に戻らないといけません。イノシシや熊に襲われたら、たいへんです。

❷ コテ
園芸用のコテがあれば、土ごとコケを採ることができます。土がついていれば、テラリウムへの移し替えが楽になります。

❸ のこぎり状のナイフ
コケのそばに石があったり、別の植物が生えていたりしたら、入念にコケを採らなければなりません。作業中にほかの植物の根を傷つけないよう気をつけてください。

❹ ジッパー付きポリ袋
収穫したコケを入れておくものが必要です。種類ごとに分けてもいいでしょう。

❺ へらか定規
大きなコケを持ち上げるときに、テコとして使えます。また、テラリウムの容器に入るかどうか、コケのサイズを確かめたいのなら、定規があると便利です。

❻ 蚊やダニよけのスプレー
説明の必要はありませんよね。

❼ 水
のどが渇いたときだけでなく、汚いものに触れたときに洗い落とすのに使えます。

❽ 丈夫な靴
個人的にひどい目に遭って身につけた教訓です。実は、コケ探しをしているとき、ミシェルが湿地で足を取られ、靴を片方なくしたことがありました。お出かけの際は、ブーツか、足に合った丈夫な靴で足を守りましょう。でないと、ハダシで帰るはめになるかもしれません。

❾ 友だち
ほんとうに必要かって? そりゃあ、いないより、いてもらったほうが心強いです。たとえばケガをするとか、持病の喘息の発作が起こるとか、不測の事態が起こったときなどに、支えになってもらえます。

❿ 予備知識
あなたがコケ探しに行く場所に、熊やイノシシは出没しませんか? どこに行くのか、あるいは、そこでコケをとって生態系を乱すおそれはないか、そのへんをきちんと調べておきましょう。中には採集禁止の場所もあるので、気をつけて!

コケは、かんたんに地面からはがせるものばかりではありません。しっかりと地面にくっついた頑固者もいます。はがすときには、コテとナイフで、コケのまわりの土に垂直に切れ目を入れ、コテを使ってすくい上げます。コケはふつう、0.5～3インチ(約1.2～7.5cm)の深さに仮根が伸びています。すくい上げたコケから土やゴミなどを取り除き、そっと袋に入れてください。念のため、コケに適した農薬(32ページ参照)をしっかり噴霧します(お近くでコケが見つからないなら、116ページの「おまけ」で、入手できる場所をチェックしてください)。

コケ以外の植物について

テラリウムでは、コケ以外の植物でも、
すてきな世界をつくることができます。

お近くの園芸品に立ち寄って、どんな植物が手に入るか、お店の人に相談してみてはいかがでしょう。1年じゅう売られているとは限らない植物もあります。以下のリストはもちろんすべてをカバーしているわけではありません。中にはなじみのないものもあるでしょうが、基本的に条件に合う植物でしたら、なんでもOKです。(カッコ内は学名)

- グレープアイビー (Cissus rhombifolia)
- ペペロミア (Peperomia minima)
- フィカス・プミラ (和名オオイタビ) (Ficus Pumila)
- セキショウ (Acorus gramineus)
- タチハリガネヒバ (Selaginella sanguinolenta)

日光を好む植物

- マサキ (Euonymus japonicus)
- セイヨウツゲ (Buxus sempervirens)
- レプティネラ (Leptinella sgualida)
- アルソビア・ディアンティフロラ (Alsobia [episcea] dianthiflora)
- サンショウ属 (Zanthoxylum)
- クロトン (Codiaeum variegatum)
- ヒメカンバ (Betula nana)
- ヨウシュコバンノキ (別名スノーブッシュ) (Breynia disticha)
- セイヨウキヅタ (Hedera helix)、その他、各種シダ (クジャクシダ、ミニ・イースター、オーク・リーフ、シルバー・キング)
- テランセラ (Alternanthera ficoidea)、いくつかの種類と色がある

日かげを好む植物

- ヘデラ・ヘリックス スペチュリー (Hedera helix spetchley) ——日かげでは「いい子」にしていますが、陽があたると葉っぱが1インチ (約2.5 cm) にまで伸び、ほかの植物を押しやるヤンチャぶりを見せます。
- ゴールデン・クラブモス (和名ヒカゲノカズラ) (Lycopodium clavatum)
- アイリッシュモス、スコッチモス (Sagina subulata)
- スパイクモス (Selaginella kraussiana)
- ヘデラ・ヘリックス シャムロック (Hedera helix shamrock)
- ミニチュア・シダ (いろいろな種類のミニチュア・シダがありますが、中でもわたしたちが好きなのは、アスパラガスファーン)

ラン
- ジュエルオーキッド (ホンコンシュスラン)
  (*Ludisia discolor*)
- コチョウラン (*Phalaenopsis violacea*)
- 着生ラン各種

多肉植物
- アエオニウム 黒法師(くろほうし)（日光をたくさん浴びると赤く変わる）(*Aeonium arboreum* 'Atropurpureum')、もしくはアエオニウム 紅姫(べにひめ)
  (*Aconium haworthii*)
- 群玉(ぐんぎょく) (*Fenestraria rhopalophylla*)
- アガベ 奇巌城(きがんじょう) (*Agave cupreata*)
- クラッスラ ゴーラム (和名ウチュウノキ)
  (*Crassula ovata gollum*)
- クラッスラ カネノナルキ (*Crassula ovata*)
- クラッスラ 青鎖竜(せいさりゅう) (*Crassula muscosa*)
  ──この植物は1フィート（約30.5 cm）まで伸びることがあるので要注意！
- クラッスラ 桃源郷(とうげんきょう) / 竜陽(りゅうよう) (*Crassula tetragona*)
- クラッスラ 寿珠姫(じゅずひめ) (*Crassula rupestris*)

  クラッスラ属 (*Crassula*) ならなんでもけっこう。

- ハオルチア 鷲(わし)の爪 (*Haworthia coarctata*)
- センペルビブム (*Sempervivum*)
- ルリヒメツヅリ (*Aloe haworthioides*)
- 月兎耳(つきとじ) (*Kalanchoe tomentosa*)
- マンネングサ (セダム) 属 (*Sedum*)
  ──「新玉(しんぎょく)つづり」や、ジェリービーン・プラントの別名もある「虹の玉」がキュート。
- ユーフォルビア・アノプリア (*Euphorbia anoplia*)

食虫植物
- ムシトリスミレ (*Pinguicula vulgaris*)
- サラセニア・フラバ (和名キバナヘイシソウ)
  (*Sarracenia flava*)
- ドロセラ・ビナタ (和名フタマタモウセンゴケ、ヨツマタモウセンゴケ、ヤツマタモウセンゴケ) (*Drosera binata*)
- ハエトリグサ (*Dionaea muscipula*)

❶ カネノナルキ　　❹ シロバナマンネングサ
❷ 乙女(おとめ) 心(ごころ)　　　（別名 シロベンケイソウ）
❸ ハオルチア 鷲の爪　❺ 新玉つづり

5番目の層
ミニ造園

「ミニ造園」とは、石やフィギュアなどを使って、テラリウムに奥行きと広がりを与えることです。独特の味わいや個性を感じさせるものならなんでもOK。あれこれ手を加えて、ユニークな小宇宙をつくりましょう。

植物を入れたあと、いよいよミニ造園に取りかかります。最高の効果を上げるために、使う小物は高さ3インチ（約7.5 cm）未満にしてください。たとえば、ドールハウスのミニチュア、プラスチック製のオモチャのフィギュア、オモチャの列車セットや建物、あるいは手工芸店やディスカウントショップで手に入る楽しい装飾品がおすすめです。さらにアイディアがほしい方は、116ページの「おまけ」をご参照ください。

ミニ造園を進めるうえで、まず頭に入れておきたいのは、テラリウムで使う植物の種類です。たとえば、コケは草の茂った景色をつくるのに最適ですし、観葉植物の葉はジャングルの雰囲気をかもしだします。多肉植物なら砂漠のオアシスに見立てることもできます。それに加えて、ぎざぎざした石で山をつくったり、左上の写真のように、平らな石を道として敷いたり、装飾用の砂をまいて浜辺に見立てたりするのも楽しいですね。小川をつくるには、右上の写真のようにビーチグラスを重ねて、静かに土に押しつけます。さらにミニチュアのフィギュアを加えると、ちっちゃな世界がいちだんと息づいて見えるから不思議です。

どんな風景をつくるにしても、石やフィギュアなどが自然にその中に溶け込めるように、突っつき棒でまわりのコケや土をふんわりさせて、なじませてください。

ミニ造園に必要なアイテム

　テラリウムのミニ造園で使うアイテムは、ミニチュアのフィギュアであれ、自然の中で見つけたものであれ、カビが生えたり、土にしみ出たりしないように、水を通さないものを選びましょう。わたしたちが工房でよく使うのは、小石や木化石（文字どおり木が石化したもので、「珪化木(けいかぼく)」とも呼ばれる）です。たとえば、めのう（アゲート）や石英（クウォーツ）、水晶（クリスタル）のほか、左ページに載っている天然石なら、そのまま使ってかまいません。念のため、まず水洗いをしてから、好みの場所に置きます。ただし、石灰石（ライムストーン）など一部の石は、土にしみ出るおそれのある鉱物を含んでいるため、コケに害を与えかねません。万全を期するために、名前のわからない石や見たこともない石を使うのは避けましょう。流木はカビが生えたり、流木の塩分が（どこから流れてきたか、拾ったあとでどのように洗浄したかにもよりますが）土にしみ出たりする可能性もあるので、テラリウムには使わないでおくのが無難です。

　小さな穴がたくさん空いているものや、こわれやすいもの——たとえば、粘土製のフィギュア、小さな木の棒、わたしたちふたりが大好きな小枝など——を加える場合、水を通さないことをあらかじめ確かめてください。テラリウムに入れていいのかどうか迷ったら、さっさと片付けてしまいましょう。小物たちに防水加工するには、クラフトショップで売られている、工芸用の透明防水スプレーを使います。乾燥時間を指定しているものもあるので（1日か2日放置させることが多い）、容器に書かれた指示をかならず守ること。ゴム用やプラスチック用など、種類は豊富ですが、ごくふつうのスプレーでじゅうぶんです。

① 砂
② 木化石
③ パイライト（上）とメノウのジオード（下）
④ メキシカンオニキス
⑤ カイヤナイト（藍晶石(らんしょうせき)）
⑥ フローライト
⑦ ソーダライト
⑧ アメジスト
⑨ ビーチグラス

ミニ造園のための小物の準備

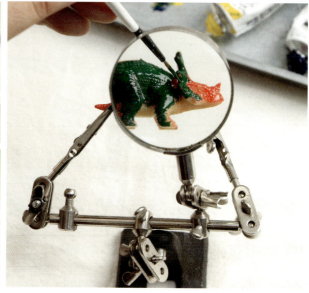

わたしたちふたりのように、本気でテラリングにのめり込み、ミニチュアの小物に凝りはじめたら、今度はそれに手を加えたいと思うかもしれません。だったらいっそのこと、手に入る材料で、ご自身のクリエイティブな才能をとことん発揮してみませんか？ たとえば、爪楊枝の先を切り取って、馬のミニフィギュアの頭に糊づけし、金色に塗れば、はい、ユニコーンのできあがり（左上の写真①〜④を参照）。ペンダントを神社につくりかえる（70ページ参照）というのもユニーク。色を塗りかえたり、小さく落書き（58ページ参照）したりしても楽しいですよ。塗料にはアクリルかエナメルを使い、かびやすい素材でできている小物には、防水加工をしておくことをおすすめします（45ページ参照）。

本格的にミニチュア加工をしてみたい方は、「お助けツール」を購入してみてもいいかもしれません。たとえば、クリップ付きスタンドルーペ（右上の写真参照）があれば、ミニフィギュアの色塗りはバッチリです。

小物たちに装飾をほどこして、テラリウムの中に置いたら、今度はそれらが動かないよう工夫を凝らしましょう。あとでテラリウムを移動させなければならない場合には、とくにその作業が大事になります。しっかり固定させるには、小物たちの底に小さな亜鉛メッキ釘の頭を強力接着剤で貼りつけ、釘を土やコケに突き刺します。こうしておけば、小石やキュートなフィギュアがコロコロ転がることはありません。

テラリウムの世話

世話といっても、そんなにむずかしくありません。植物に適した陽ざしが望める場所に置き、適度の水分を与えるよう心がけることです。

コケのテラリウム

どんな種類のコケも、直射日光はいりませんが、木漏れ日のような光は必要です。人工光でも代用できるので、窓のない部屋に置く場合や、陽のあたらない場所にお住まいの方にはおすすめです。世話のしかたは、テラリウムの容器にフタがあるかないかによって異なります。

フタつきのテラリウムの場合、光の量にもよりますが、2〜4週間おきに霧吹きで軽く水をかけてください。容器の中で結露することもありますが、それがしょっちゅう起こるなら要注意。テラリウム内の湿気が多すぎるか、日光があたりすぎてコケから水分が出てしまったかのどちらかです。さわってみてコケが乾いているのに結露が見られるなら、霧吹きでコケにじゅうぶん水分を与えてから、1時間ほどフタを開けて余分な湿気を蒸発させ、そのあと、陽のあたらない場所に移します。

コケのテラリウムにフタなしの容器はおすすめしませんが、わたしたちはときおり、三角フラスコや、平底で首の長いフローレンスフラスコといった実験用のフタなしのガラス容器を使うこともあります。これらは口が細いので、湿気がじゅうぶん保てるからです。それでも、乾燥しないとかぎらず注意深く観察し、1〜3週間おきに水をスプレーしなければなりません。

一般的な植物のテラリウム

中の植物に必要な環境をしっかりつくってあげることが大切です。日かげを好む植物には、ひなたに置いておく日光を好む植物よりも、水やりの回数を減らします。大半のシダは湿気の多い環境が好きですが、それ以外の植物の多くには、表面が完全に乾いてから水を与えてください。シダもその他の植物も、水のやりすぎで、ずぶ濡れになってしまうと、カビ（糸状菌）が発生し、病気にかかって根が腐ってしまいます。さらに、多くの植物には、ある時点で肥料を与えなければならないことも覚えておいてください。

テラリウムに使う植物に何が必要なのかをよく調べ、かならずそれを与えてあげましょう。園芸店で下見をするときに、植物につけられた説明書を読んでおけば、役立ちます。複数の植物を使う場合、環境条件の似ているものをそろえれば、快適な生態系ができあがります。

多肉植物のテラリウム

種類によって必要条件が大きく違うので、園芸店に相談するか、多肉植物の育てかたの本などを読み、それぞれに合った世話のしかたを下調べしておくのがいちばんです。ほとんどの場合、土がすっかり乾燥してから水を与えます。多肉植物は小さくても丈夫なので、どこか具合が悪くても曲線部分があからさまに崩れる目的、ふっくらおしげにしぼんだりするので、ご注意を。水やりは1週間おきがふつうですが、実際には土が乾燥したら与える、と考えてください。ただし、くりかえしますが、どんなことがあっても、ぬかるみ状態にするのだけは避けてくださいね。

Terrariums

テラリウム
——作品集——

ここからは、みなさんの創造力を少しでも刺激できるように、
わたしたちのつくった、いろいろなテラリウムをご紹介します。
材料のリストを載せたので、
そっくり同じものをつくってもかまいません。
あるいは、オリジナルの「小さな緑の世界」を
つくりだすきっかけとして、
この「ギャラリー」をご活用ください。

(前ページ見開き)
SOAKING UP RAYS
［陽ざしを浴びて］
ガラスの花びんの中に広がる砂浜で、
日光浴を楽しむ女性。

容器：新しい花びん
土台の石：小石
ろ過：乾燥ミズゴケ
土：ピートモス混合土
ミニ造園：ハイヒバゴケ、ムードモス（37ページ参照）、
ハナゴケ／浜辺用の砂／日光浴をする女性のミニフィギュア

THE LAST UNICORN
［最後のユニコーン］
きらめく水辺で前脚を上げ、緑の王国を見わたす伝説の一角獣。

容器：新しい薬びん
（元は、薬局などで薬剤を入れておくガラス製のつぼ。
他の広口びんでも代用できます）
土台の石：小石
ろ過：乾燥ミズゴケ
土：ピートモス混合土
ミニ造園：ムードモス、ハナゴケ、ハイヒバゴケ、ミズゴケ／
岩として木化石／湖に見立てたブルージェムストーン／
ユニコーンのミニフィギュア

CAPTURED FAIRY
[とらわれた妖精]

ミズゴケと小枝でできた不思議な世界で、翼をはためかせながら、
めのう（アゲート）の岩の上に降り立つ妖精。

容器：新しい理科ビン
土台の石：小石
ろ過：乾燥ミズゴケ
土：ピートモス混合土
ミニ造園：ヤマゴケ（34ページ参照）、ミズゴケ、ハナゴケ／
断面の見える磨いたアゲート／小枝／妖精のフィギュア

OUT OF TOWNERS
［よそ者たち］
緑に包まれたマンハッタンの一角で、
塀に落書きしていた観光客を警官が逮捕しました！

容器：新しい薬びん

土台の石：小石

ろ過：乾燥ミズゴケ

土：ピートモス混合土

ミニ造園：ムードモス、ヤマゴケ、ハイヒバゴケ、ハナゴケ／
しっくいの舗道と落書きをしたレンガの壁／
ふたりの男女と警官、およびホームレスの女のフィギュア／
ミニチュアの街灯

TENDING THE FLOCK
[ひつじの番]

新緑の丘に放牧したひつじたちを見守るひつじ飼いと犬。

容器：新しい巣びん
土台の石：小石
ろ過：乾燥ミズゴケ
土：ピートモス混合土
ミニ造園：ヤマゴケ、ムードモス、ハイヒバゴケ、ハナゴケ、ミズゴケ、アスパラガスファーン／岩に見立てた木化石／小枝／ひつじと牧羊犬とひつじ飼いのフィギュア

THE ENGLISH COUNTRYSIDE
［英国の田園地帯］

ゆったりとした田園風景をごらんください。
貴族の夫婦が池に浮かぶアヒルと白鳥にエサをやり、
遠方には森へ向かう大尉と猟犬の姿が見えます。

容器：新しい薬びん
土台の石：小石
ろ過：乾燥ミズゴケ
土：ピートモス混合土

ミニ造園：ヤマゴケ、ムードモス、ハイヒバゴケ、ハナゴケ、ミズゴケ／池に見立てた青いガラス／
ミニチュアの白い塀とベンチ／パラソルを持つ女と男、馬上の大尉、犬、アヒル、そして白鳥のフィギュア

DINO-SAUR US!
［恐竜だぁ！］
現代によみがえった恐竜たちの襲撃をどうにかわす男性。早く逃げて！

容器：新しい薬びん

王冠の石・小石

ろ過：乾燥ミズゴケ

土：ピートモス混合土

ミニ造園：ヤマゴケ、ムードモス／風景用に数個の小石／
ミニチュアの通電フェンス（恐竜相手では使いものにならないようですね）／
恐竜と男のフィギュア

ADVENTURERS
[ハイカーたちの冒険]

砂漠で迷子になった一行が行き着いた先は、なんとテラリウムの中。
休憩する者、岸壁をよじのぼる者……。不毛の地でも、多肉植物だけは生き生きと育っています。

容器：大きなヴィンテージの脚つきボウル

土台の石：小石

ろ過：乾燥ミズゴケ

土：多肉植物用の混合土

ミニ造園：いろいろな多肉植物／山と岩に見立てた木化石／
風景用の小石／砂漠用の砂／ハイカーたちのフィギュア

(左ページ)
ACOUSTIC
[砂漠のギタリスト]

小さな多肉植物が生えた小さな砂地で、
男がひとりギターをつま弾いています。

容器：古いガラスの器
土台の石：豆砂利
ろ過：乾燥ミズゴケ
土：多肉植物用の混合土
ミニ造園：多肉植物（セダム）／豆砂利／砂漠用の砂／
ギターを持つ男のフィギュア

(上)
PLAYTIME!
[みんなであそぼ！]

明るい多肉植物テラリウムの中で、
シーソーや砂場で遊ぶ元気な子どもたち。

容器：新しいガラスの花びん
土台の石：小石
ろ過：乾燥ミズゴケ
土：多肉植物用の混合土
ミニ造園：多肉植物（タマツヅリ）／
岩に見立てた木化石／遊び場用の砂／
シーソーと砂場のミニチュア／子どもたちとママのフィギュア

（前ページ見開き）
NIWA
［日本庭園］
鳥居の下の庭園で、
緑の谷をながめる美しい日本人の女性。

容器：新しい薬びん
土台の石：小石
ろ過：乾燥コケゴケ
土：ピートモス混合土
ミニ造園：ヤマゴケ、ムードモス、ハナゴケ、ミズゴケ、ハイヒバゴケ／
神社の鳥居（ペンダントを利用）／岩に見立てた木化石／
池に見立てた青いガラス／女性と白鳥のフィギュア

PICTURE THAT!
［ベストショットをねらえ！］
見晴らしのいい場所から撮影できるように、
カメラマンのおじさんを高台に置いてあげましょう。
はい、パチリ！

容器：新しいカップケーキ用スタンド
土台の石：小石
ろ過：乾燥ミズゴケ
土：ピートモス混合土
ミニ造園：ヤマゴケ、ミズゴケ、ハナゴケ／
岩に見立てた木化石／かわいい小枝１本／
カメラマンのフィギュア

（左ページ）
TENDING THE LAWN
［芝生の手入れ］
カップケーキ用のガラス容器の中につくった
小さな世界の住民たちをご紹介。
ヤマゴケとハナゴケの芝生を熊手でかき、
熱心に庭の手入れをしていますよ。

容器：新しいカップケーキ用のガラス容器
上山の石・立砂利
ろ過：乾燥ミズゴケ
土：ピートモス混合土
ミニ造園：ムードモス、ハナゴケ、ヤマゴケ／
男と女（熊手を手にしている）のフィギュア

（上）
OLGA & FRITZ
［オルガとフリッツ］
アルプスのふもとで楽しそうに踊る恋人たち。
まるで『サウンド・オブ・ミュージック』の世界のよう！

容器：新しい薬びん
上山の石・小石
ろ過：乾燥ミズゴケ
土：ピートモス混合土
ミニ造園：ヤマゴケ、ムードモス、ハナゴケ、ミズゴケ／
山に見立てた木化石／踊るカップルのフィギュア

（上）
TEENSY WORLD
［わんぱく時代］

ちっちゃな、ちっちゃなガラスびんの中で、
好奇の目を輝かせる少年たち。

容器：ヴィンテージのシャネルの香水びん
土台の石：玉砂利
ろ過：乾燥ミズゴケ
土：ピートモス混合土
ミニ造園：ムードモス、ミズゴケ／
ふたりの少年のフィギュア

（右ページ）
PISS OFF
［おこりんぼ］

わたしたちふたりのお気に入り、モヒカン刈りの男です。
ご機嫌ななめなのはなぜかしら。電球型の一輪ざしは、
おこりんぼのパンクロッカーにお似合いの場所。

容器：電球型の一輪ざし
土台の石：玉砂利
ろ過：乾燥ミズゴケ
土：ピートモス混合土
ミニ造園：ハイヒバゴケ、ムードモス、ハナゴケ／
パンクロッカーのフィギュア

(左ページ)
THE PERFECT VIEW
[のどかな風景]

クッキージャーの中に広がる、緑に包まれた景色。
小さな湖でトビウオたちが跳ね、
釣り糸が動くのを男性がじっと待ち構えています。

容器：ダイソーのクッキージャー
土台の石：川石
ろ過：乾燥ミズゴケ
土：ピートモス混合土
ミニ造園：ヤマゴケ、ムードモス、ハナゴケ、ミズゴケ／
岩に見立てた木化石／湖として平板1枚／小枝／
舟に乗った釣り人と鳥のフィギュア

(上)
VERDANT PERSPECTIVE
[緑の遠近法]

ユニークなデザインの大きな手吹きガラス。
まるで棚から落ちそうに見えませんか？
だけど、中いは画家がそんなことなど気にせず、
のんびりイーゼルに向かっています。

容器：口の小さい手吹きガラスの容器
土台の石：小石
ろ過：乾燥ミズゴケ
土：ピートモス混合土
ミニ造園：ムードモス、ハイヒバゴケ、ハナゴケ／
イーゼルに向かう画家のフィギュア

(前ページ見開き)
DUCK, DUCK, GOOSE
［ガチョウたちのおねだり］
パピルスとコケが植わったフタなしのテラリウム。
池のほとりで少女がガチョウたちにエサをあげています。

容器：ヴィンテージのガラスの花びん
土台の石：小石
ろ過：乾燥ミズゴケ
土：ピートモス混合土
ミニ造園：パピルス（カミガヤツリ）、ハナゴケ、ムードモス／岩に見立てた木化石／地形用の石／ガチョウと少女のフィギュア

THE HAPPIEST DAY
［最高に幸せな日］
白いあずまやで結婚式を挙げ、
新生活へと踏み出す幸せなカップル。

容器：新しい薬びん
土台の石：小石
ろ過：乾燥ミズゴケ
土：ピートモス混合土
ミニ造園：ムードモス、ハイヒバゴケ、ヤマゴケ、ハナゴケ、ミズゴケ／岩として木化石／小枝／手づくりの小さなプラスチックのあずまや／花嫁と花婿のフィギュア

PRINCE CHARMING
[理想の恋人]

お城の美しい庭で語りあう若い男女。
おとぎ話のプリンスとプリンセスのようなふたりに、恋が芽生えそうです。

容器：新しい果実びん
土台の石：小石
ろ過：乾燥ミズゴケ
土：ピートモス混合土

ミニ造園：ハナゴケ、ムードモス、ヤマゴケ、ハイヒバゴケ／岩に見立てた木化石／
小さな飾りフェンスとミニチュアの城（熱帯魚の水槽で使うもの）／
男女のフィギュア

THE WILD WILD WEST
[ワイルド・ワイルド・ウエスト]
大西部の岩壁のそばで、ムチを振り上げ、
走りまわるバッファローの群れを追うカウボーイ。

容器：新しいガラスの器
土台の石：小石
ろ過：乾燥ミズゴケ
土：ピートモス混合土
ミニ造園：ヤマゴケ、ムードモス、ハナゴケ、
ハイヒバゴケ／山に見立てた大きめの木化石／
カウボーイとバッファローのフィギュア

（次ページ見開き）
OUR PRIVATE GALA
[ふたりだけの舞踏会]
緑の草木に囲まれためのう（アゲート）のステージで、
優雅にステップを踏む恋人たち。

容器：ガラスのケーキスタンド
土台の石：小石
ろ過：乾燥ミズゴケ
土：ピートモス混合土
ミニ造園：ヤマゴケ、ムードモス、スギゴケ、ハナゴケ、
ミズゴケ／おもしろいかたちの小枝／岩に見立てた木化石／
ダンスフロアとしてアゲートの平板／踊る男女のフィギュア

（上）
THE LAND BEFORE TIME
［先史時代］
青々と茂った木々の葉っぱを食べている2頭の恐竜。
ちなみに、このフィギュアはディスカウントショップで購入し、
リアルに見せるために色を塗ったもの。

容器：ヴィンテージの花びん
土台の石：小石
ろ過：乾燥ミズゴケ
土：ピートモス混合土
ミニ造園：ツゲの苗、アイビー、ハナゴケ、サルオガセ属の地衣類／岩に見立てた木化石／恐竜のフィギュア

（右ページ）
FIGHT FOR YOUR RIGHT!
［デモ行進！］
平和を守るために声を張り上げながら、
街に向かって進む市民活動家たち！

容器：ヴィンテージの球状のガラスの器
土台の石：小石
ろ過：乾燥ミズゴケ
土：ピートモス混合土
ミニ造園：アスパラガスファーンと、
さまざまなかたちのシダ／
手づくりの旗を持ったデモ参加者たちのフィギュア

SERENGETI
[野生の楽園]

大きなドームの中で暮らす野生の動物たちの生活をのぞいてみましょう。
水たまりで喉をうるおすキリンたち、シマウマの群れや、
エサを狙ってこっそり近づくライオン。高くそびえる木には、小さなサルたちがいます

容器：つり鐘のかたちをした大きなガラス皿のスタンド
土台の石：小石
ろ過：乾燥ミズゴケ
土：ピートモス混合土
ミニ造園：ヤマゴケ、ハナゴケ、ムードモス／山に見立てた木化石／
水たまり用に青いビーチグラス／いろいろな野生動物のフィギュア／
おもしろいかたちの小枝

（上）
TINY WORLDS
［ちっちゃな世界］
北向きの窓のそばに置いたガラスの器たち。
歌う小鳥、ジャンプしようとするカエル、逆さの立方体など、
かたちはさまざまですが、それぞれの中に小さな世界が息づいています。

容器：いろいろな小型の一輪ざし
土台の石：豆砂利
ろ過：乾燥ミズゴケ
土：ピートモス混合土
ミニ造園：ムードモス、ハイヒバゴケ、ハナゴケ／
スイマーとビジネスマンのフィギュア

（右ページ）
OVER THE RIVER
［川の向こうに］
小さな橋を渡って、森の中へ。
そこには巨大なランが咲き誇っています。

容器：新しいガラスの花びん
土台の石：小石
ろ過：乾燥ミズゴケ
土：ラン用のバーク堆肥
ミニ造園：ハナゴケとサルオガセ属の地衣類／
コチョウラン／小川用のビーチグラス／
岩に見立てた木化石／セラミックの橋

THE GREAT ESCAPE
[人脱走]

古風なガムボールマシンの中で、脱走計画を練るちっちゃな囚人。

土台の石．小石

ろ過：乾燥ミズゴケ

土：ピートモス混合土

ミニ造園：ムードモス、ヤマゴケ、ハイヒバゴケ、ハナゴケ、ミズゴケ／
囚人のフィギュア

DON'T FEAR THE REAPER
［死に神なんてこわくない］

墓地に現れた死に神。
この小さなガラスの卵形のびんはわたしたちのお気に入りです。

容器：ヴィンテージの卵形のガラス器

土台の石：小石

ろ過：乾燥ミズゴケ

土：ピートモス混合土

ミニ造園：ハイヒバゴケ、ヤマゴケ、ハナゴケ／岩に見立てた木化石／
十字架（コーヒーのかき回し棒を加工）／こわい顔をした死に神のフィギュア

TALES OF THE TRAILER PARK
「ある夫婦の情景」

草木やハナゴケの森に囲まれて、トレーラーハウス暮らしをする夫婦。
涼しい場所でのんびりとビールを飲む夫に、「さっさとゴミを片付けて！」と
妻が金切り声を上げています。

容器：新しいガラスの脚つき花びん
土岩の石：小石
ろ過：乾燥ミズゴケ
土：培養土
ミニ造園：カラマツソウ、地衣類、ハナゴケ／岩に見立てた木化石／
男女のフィギュア／トレーラーと雑多な「ゴミ」のミニチュア

OASIS
［オアシス］

エジプトの砂漠を進む3頭のラクダが、
多肉植物の小さなオアシスで休憩。

容器：ヴィンテージのコンポート皿
土台の石：小石
ろ過：乾燥ミズゴケ
土：多肉植物用の混合土
ミニ造園：多肉植物（タマツヅリ、ハオルチア・アテヌアータ《松の雪》、カネノナルキ）／
砂漠用の砂／岩に見立てた木化石／ラクダのフィギュア

THRILL OF THE HUNT
［狩りのスリル］

おなかをすかせたオオカミの群れが遠吠えしながら、
おじけづく雄鹿を追いつめます。

容器：新しい薬びん

土台の石：小石

ろ過：乾燥ミズゴケ

土：ピートモス混合土

ミニ造園：ヤマゴケ、ムードモス、ハナゴケ、ハイヒバゴケ／
岩に見立てた木化石／オオカミと鹿のフィギュア

（上）
HANG TEN!
［ビッグウェーブ］

大波を華麗に乗りこなす美女サーファーのサリー。
彼女の視線の先に砂浜と緑の谷が広がっています。

容器：新しいガラスの薬びん
土台の石：小石
ろ過：乾燥ミズゴケ
土：ピートモス混合土
ミニ造園：ヤマゴケ、ハイヒバゴケ、ムードモス、ハナゴケ、ミズゴケ／岩に見立てた木化石／海用の青いビーチグラス／浜辺用の砂／サーファーガールのフィギュア

（右ページ）
SEASICK SONATA
［浜辺のセッション］

打ち寄せる波に合わせて、
ノリノリで演奏する水着姿のバンドメンバー。
テラリウムの中でビーチパーティーが開かれています。

容器：手吹きガラスの器
土台の石：小石
ろ過：乾燥ミズゴケ
土：ピートモス混合土
ミニ造園：ムードモス、ハイヒバゴケ、ハナゴケ／浜辺用の砂／バンドメンバーのフィギュア

ART IN THE BIG APPLE
[ビッグアップルの中の芸術]

ガラスのリンゴの中で、せっせと大理石を彫るアーティスト。
ビーチグラスの川沿いで、大傑作が少しずつ完成に近づいています。

容器・フタを取り外しできる　リンゴ形のヴィンテージの器
土台の石：小石
ろ過：乾燥ミズゴケ
土：ピートモス混合土
ミニ造園：ムードモス、ハイヒバゴケ、ヤマゴケ、ハナゴケ／
岩に見立てた木化石／川に見立てた青いビーチグラス／
彫刻家のフィギュア／ミニチュアの彫刻

（上）
CATCH OF THE DAY
[今日の収穫は？]

おどけたガチョウが見守るそばで、
岸壁から釣り糸を川の中に投げ入れるおじさん。

容器：手吹きガラスの器

土台の石：小石

ろ過：乾燥ミズゴケ

土：ピートモス混合土

ミニ造園：ムードモス、ハナゴケ／
岸壁用の木化石／川に見立てた青いビーチグラス／
釣り人とガチョウのフィギュア

（右ページ）
SUSPENDED WORLDS
[宙ぶらりんの世界]

つるした小さなガラス球の中に、
多肉植物と公園のベンチでくつろぐ女性が見えます。
もう一方は、生いしげったアイビーとハナゴケであふれそう。

容器：つり下げタイプの、新しいガラスの球形の器

土台の石：玉砂利

ろ過：乾燥ミズゴケ

土：多肉植物用の混合土／アイビー用にピートモス混合土

ミニ造園：多肉植物のテラリウム（セダム／女性のフィギュア／
ミニチュアのベンチ）、アイビーのテラリウム（アイビーとハナゴケ）

MAD SCIENTIST
[科学者になった気分で]

わたしたちはふたりとも、ガラス製品をよくテラリウムに再利用します。
ここでご紹介するのは、実験用のガラス器具。いろいろな三角フラスコのほか、
煮沸フラスコ用にヴィンテージの三脚台を使ってみました。

容器：さまざまな実験用ガラス器具

土台の石：小石

ろ過：乾燥ミズゴケ

土：ピートモス混合土

ミニ造園：ムードモス、ハイヒバゴケ、ハナゴケ／
ひつじとサルとパントマイム師のフィギュア／小枝

TOXIC SPILL
[危険な仕事]

多肉植物が茂る砂漠で毒物が流出！
危険物処理チームが懸命に除去作業をしています。

容器：大きな手吹きガラスの器
土台の石：小石
ろ過：乾燥ミズゴケ
土：多肉植物用の混合土
ミニ造園：多肉植物（カネノナルキ、タマツヅリ）、サルオガセ属の地衣類／岩に見立てた木化石／
水に見立てた青いビーチグラス／粗い砂利／砂／作業員たちのフィギュア

おまけ

　ここでは、あなただけのオリジナルのテラリウムをつくるお手伝いとして、材料探しのアドバイスをしてみましょう。

　材料はほんの少しあればいいという方には、手前みそですが、＜トゥイッグ・テラリウムズ＞社が、素材をすべて小分けにした「DIY（自分でつくろ！）」キットを販売しています。これらがあれば、小さな緑の世界をひとつ……いや、2つ……いえいえ、3つくらいはつくれるでしょう。各キットには、培養土、ろ過用の乾燥ゴケ、いちばん下に敷く石はもちろん、ガラスの器、コケ、キュートなテラリウム用の「小物」が入っています。そうそう、つくりかたや世話のしかたに関する説明書も付いているので、ご安心を。海外通販もしています。ホームページのURLはこちら。http://twigterrariums.com/collections/diy-kits

容器

　わたしたちがテラリウムの容器に好んで使うのがアンティークのガラスの器です。アメリカの郊外で見かけるアンティーク・モールには、たいてい、お金を払う価値のある品々がそろっています。もちろんアンティークでなくてもけっこう。お近くの安売り雑貨店や100円ショップでも、興味深いガラスの器が見つかります。モダンなかたちをお求めなら、IKEAや、その他大手のお店（アメリカなら、海外通販のできるCrate & Barrel クレイト・アンド・バレルやThe Container Store コンテイナー・ストアなど）を要チェック。あつらえの手吹きガラスに興味があるのなら、配送中の破損を避けるため、近所に専門の工房がないかまず調べてみましょう。もちろん、家の中も見落とさないように！　食品保存用の古い密閉式のびんや、首の細いガラスの花びん、ガラスの盛り皿……あるいはスパイスのびんだって、テラリウムにうまく活用できます。

石、ろ過層、土、道具

　この本に載っているテラリウムづくりの道具と材料は、園芸店やホームセンターで買えるものばかりです。長いピンセット、メカニカルフィンガー、クリップ付きルーペなどをお求めなら、専門店やインターネットの通販サイトで探してみましょう。

コケ、多肉植物、その他の植物

お近くの園芸店やホームセンターで、ご自身が購入するのがベストです。というのも、植物の健康状態を自分の目で確かめられるし、あまり振動を与えずに持ち帰ることができるからです。近くに園芸店やホームセンターがない場合、インターネットでも購入可能です。ネットのオークションサイトで、すてきなコケを（ほとんど利益は出ないのに）売りに出している人がいないか、探してみるのもひとつの手です。

ミニ造園用のフィギュア

わたしたちふたりが使うフィギュアは、ドールハウスのミニチュア、雑貨店や100円ショップで購入した日本製のオモチャ、列車セットや建築物のミニチュアなど、多種多様です。お好みのものが近くのお店で見つからない場合は、インターネットの通販サイトをチェックしてみましょう。ここで紹介するサイトはすべて英文表記ですが、写真を楽しみながら、創作のヒントにしてください。

ドールハウスのミニチュアは、www.minimumworld.com が種類豊富です。ただし、中には想像以上に大きいものもあるので、サイズを確かめること。海外通販はしていませんが、www.bonsaiboy.com で、セラミックの盆栽用フィギュアを見ながら、アイディアを練るのもいいかもしれません。テラリウムに入れる小物に困ったら、www.ebay.com や www.etsy.com などをのぞいてみてはいかがでしょう。

なお、日本の気候やお住まいの地域によって、より適した植物や土があるかもしれません。お近くの園芸店や信頼できる専門家にアドバイスを求めることをおすすめします。

それでは、みなさん、楽しいテラリンダを！

ABOUT THE AUTHORS

著者について

ミシェル・インシアラーノは美術を学び、読書をこよなく愛する、情熱的なブルックリンっ子です。既婚で、家では2匹のペット——コッカースパニエルのマックスウェルズ・シルヴァー・ハンマー（ビートルズの歌にあやかって付けた）と、大きな茶ウサギのハーリー——を（猫じゃないけど）猫かわいがりしています。16歳から自立して創作の道を探ってきましたが、幼いころから植物に興味を持っていたので、テラリウムにひかれたのも自然のなりゆき。もっとも、ミニチュア世界の造園は、芸術面での資質によるところが大きいでしょう。趣味は、写真（数冊の出版物に名前が載った）、スクラップブックづくり、カードづくり、スチームパンク（ファンタジー的な機械）アートなど。しかし大半の時間は、ケイティといっしょに「小さな緑の世界」を楽しんでつくることに費やされています。

ケイティ・マスロウもブルックリンっ子ですが、早い時期に故郷を離れ、その後、放浪の旅へ。全米をまわり、標語でいうところの「カラフルなコロラド州」と「恋人たちのためのヴァージニア州」に長期滞在しました。また、大詩人の故アレン・ギンズバーグがかつて教鞭をとっていたニューヨーク市立大学ブルックリン校（通称ブルックリン・カレッジ）で、彼の「亡霊」から詩を学び、文芸創作の学士号を取得。自作の詩と写真は数冊の雑誌に掲載されましたが、今では親友ミシェルとのミニ造園づくりに大半の時間がさかれています。ブルックリンの「世間から忘れられた」一角で、2匹の猫のハーマンとロスコウと暮らし、読書と物を書くのが大好きで、骨の収集（！）にも熱心。仕事や遊びに打ち込んでいないときは、鳥にエサをやったり、テラリウムに使えそうなグッズを買いに出かけたり、風変わりな人たちを観察したりして過ごしています。

最後に

　わたしたち「小枝(トゥイッグ)ガールズ」は以下の方々に、たくさんの感謝を捧げなくてはなりません。まず、わたしたちふたりが頼りない足どりで小枝のように細い「道」を歩んでいたときに、支えと励ましを与えてくれた家族と友人たちにお礼のことばを述べたいと思います。次に、わたしたちのせいでコケフェチになってしまった、おおぜいの忠実なテラリウム愛好者にも、この場を借りてお礼を申し上げます。もちろん世界じゅうの植物オタクやコケマニアの方々には、愛と敬意の念を惜しみません。さらに、ロックスターをほうふつさせるABRAMS出版社の編集者ウェズリー・ロイス氏、数々のすばらしい写真を撮影してくれたカメラマンのロバート・ライト氏(www.robertwrightphoto.com)、優秀なフォト・スタイリストのキャレン・ショーピター氏、ディステル&ゴードリッチ社の著作権代理人ジム・マッカーシー氏、ミシェルの化学の恩師でブルックリン・カレッジのジェレマイア・マーフィー教授、106ページと110ページの手吹きガラスの器を製作してくれたショーン・ヤルヴィー氏、そしてロバートがカメラを向けても動かずにいてくれたケイティの愛猫ハーマンに、格別の謝意を表します。

小さな緑の世界
テラリウムをつくろう
2015©Soshisha

2015年2月26日　第1刷発行

著　者	ミシェル・インシアラーノ
	ケイティ・マスロウ
写　真	ロバート・ライト
訳　者	中俣真知子
装幀者	三木和彦（Ampersand works）
編集協力	砂森　聡
発行者	藤田　博
発行所	株式会社　草思社

〒160-0022　東京都新宿区新宿5-3-15
電話　営業 03(4580)7676
　　　編集 03(4580)7680
　　　振替 00170-9-23552

印刷所	中央精版印刷株式会社
製本所	加藤製本株式会社

ISBN978-4-7942-2114-8 Printed in Japan　検印省略
http://www.soshisha.com/

造本には十分注意しておりますが、万一、乱丁、落丁、印刷不良などがございましたら、ご面倒ですが、小社営業部宛にお送りください。送料小社負担にてお取替えさせていただきます。

Copyright©2012 Michelle Inciarrano and Katy Maslow
Photographs copyright©2012 Robert Wright
First published in the English language in 2012
by Stewart, Tabori & Chang, an imprint of ABRAMS
Original English title:
Tiny World Terrariums: A Step-by-Step Guide to Easily Contained Life
(All rights reserved in all countries by Harry N. Abrams, Inc.)
Japanese translation rights arranged with Harry N. Abrams, Inc.,
New York through Tuttle-Mori Agency, Inc., Tokyo